Mon Premier Tour du Monde

DÉPOT LÉGAL
Seine & Oise
N° 232
1904

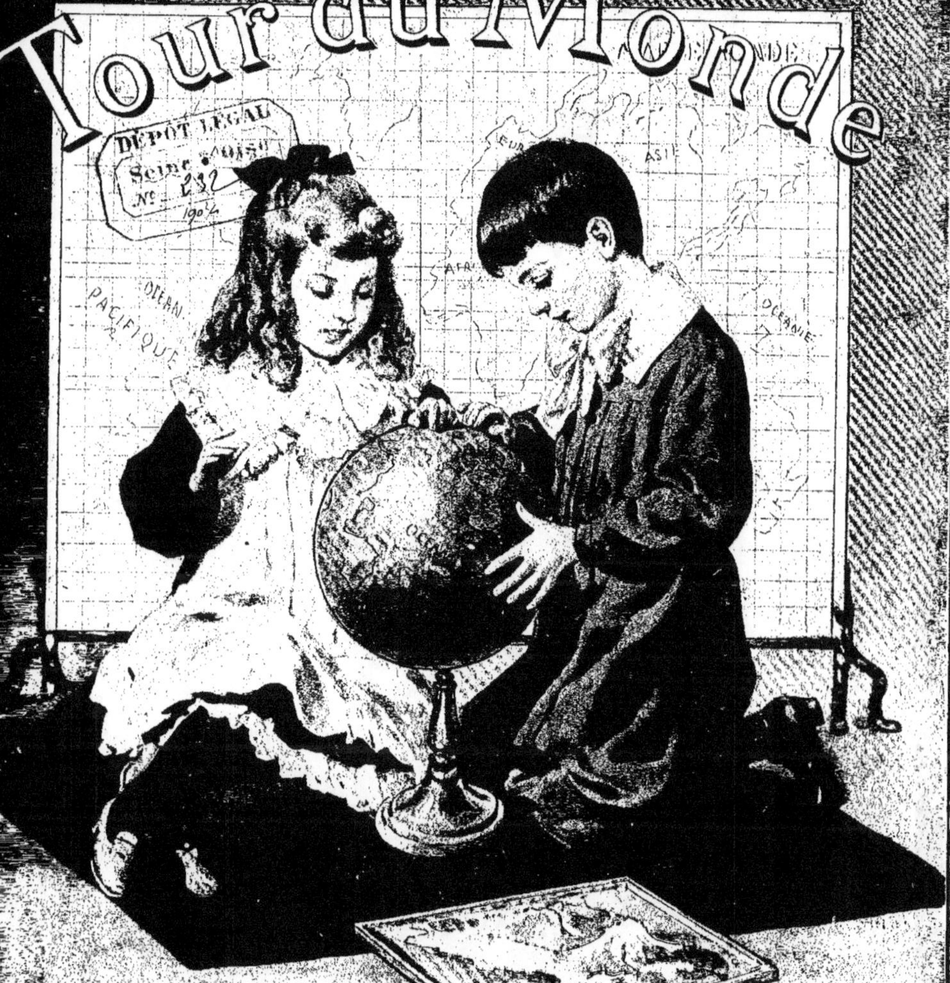

HACHETTE ET Cie

MONDE EN MINIATURE Odette et René plantent une forêt. Jean allume un volcan. Pierre est à la source du fleuve. Maurice à son embouchure... Montagnes et rivières, lacs et mers, golfes et caps, îles et détroits, rien ne manque et les animaux de l'arche peuplent ce nouveau monde.

MADEMOISELLE H. S. BRÉS

Mon Premier Tour du Monde

*La vapeur nous prête ses ailes,
Le Tour du Monde n'est plus rien;
Vieux continents, plages nouvelles
Tout est si près que tout se tient...*
                                      Eug. Rambert

ALBUM ILLUSTRÉ DE 222 GRAVURES
et de 4 Planches en Couleurs

PARIS
LIBRAIRIE HACHETTE ET CIE
79, Boulevard Saint-Germain, 79

Droits de traduction et de reproduction réservés.

AUX MAMANS

Avec son titre ambitieux, pour rire, ce nouveau volume voudrait offrir à ses petits amis l'occasion d'imaginer un peu le Monde hors de leur entourage.

Puis, nous souhaitons qu'ayant vu chez les plus lointains étrangers, comme chez nous, des hommes, bons, honnêtes, travailleurs, courageux, nos jeunes lecteurs reviennent de leur PREMIER TOUR DU MONDE, avec un sentiment de respect et de sympathie pour tous ces peuples et peuplades qui ont les mêmes droits que nous à une part de terre et de soleil.

Leurs habitudes et leurs modes ont beau n'être pas les nôtres, elles ne sont pas ridicules pour cela, ni mauvaises, et bien des guerres de nations seraient évitées, bien des amitiés conclues si chaque homme était plus fraternel, ou seulement plus juste....

Toutes nos pages ont naturellement l'intention de rendre, en de petits tableaux fidèles et captivants, la physionomie particulière des pays.... Mais, bien souvent, la brièveté du texte limite à une simple allusion, tel ou tel trait de mœurs ou de géographie sur lesquels il eût été intéressant d'insister, si la place l'eût permis. Nous espérons que les mamans voudront bien nous suppléer pour développer nos esquisses en temps et lieu.

De même, nos cartes étant nécessairement réduites comme nombre et comme dimension, il sera utile de compléter nos récits par l'étude de cartes aussi grandes que possible, quoique très sobres de détails. Là, on fera suivre du doigt, les contours des pays, les chaînes de montagnes principales, les fleuves, de la source à l'embouchure; on indiquera quelques grandes villes, etc., etc. En outre, des jeux analogues à ceux que nous proposons peuvent être organisés pour divers pays et parties du Monde, et l'on y joue soit avec des camarades, soit avec la Poupée ou Polichinelle.

Et maintenant, vite en route : voici déjà deux voyageurs qui partent en causant.

LE PÈRE ET L'ENFANT

— Père, apprenez-moi, je vous prie,
Ce qu'on trouve après le coteau
Qui borne à mes yeux la prairie?
— On trouve un espace nouveau :
Comme ici, des bois, des campagnes,
Des hameaux, enfin des montagnes.
— Et plus loin? — D'autres monts encor.
— Après ces monts? — La mer immense.
— Après la mer? — Un autre bord.
— Et puis? — On avance, on avance.
Et l'on va si loin, mon petit,
Si loin, toujours faisant sa ronde,
Qu'on trouve enfin le bout du monde...
Au même lieu d'où l'on partit.

Fables et Paraboles de J.-J. Porchat (Fischbacher, édit. Paris).

Le Fabuliste a raison de nous rappeler la terre natale. Après avoir fait entrevoir à l'Enfant de vastes horizons, montrons-lui son coin de terre, digne d'être connu et aimé comme tous les autres qui d'ailleurs lui ressemblent plus ou moins. — Les promenades autour du logis, avec le Tour du Monde en images, voilà la Géographie de Bébé.

LE TOUR DU MONDE

Ninette et Jean rêvent de voyages: ils regardent de tous leurs yeux les locomotives, et, au bord de la mer, ils montent sur les bateaux en pensant à l'oncle Malo, qui fait le *TOUR DU MONDE.*

Un jour, toute la famille l'a accompagné à la gare en portant ses petits bagages et maintenant on parle de lui sans cesse. « Il va d'abord dans toute l'Europe, dit l'un.

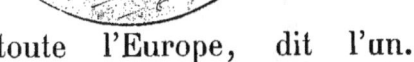

NINETTE ET JEAN RÊVENT DE VOYAGES.

— Puis en Asie, où sont les peuples jaunes.

— Puis en Afrique, où il y a les nègres.

— Puis en Amérique, la terre des Peaux-Rouges, et il reviendra par l'Océanie.

— Peut-on faire le tour du monde en trois mois ?

— Oui, quand on va tout droit, mais l'oncle Malo fait des zigzags et il mettra bien plus d'un an. »

En attendant, l'oncle Malo envoie de chaque pays des images et une histoire... comme dans cet album.

LE DÉPART DE L'ONCLE MALO.

ANCIEN MONDE

ROI NÈGRE (AFRIQUE).

« TOC! TOC! QUI EST LÀ? — MARCHAND D'EUROPE...
ET VOUS? — MARCHAND D'ASIE. »

PAYSAN TONKINOIS
AVEC UN MANTEAU DE
FEUILLES SÈCHES
(ASIE).

ENFANT ARABE (AFRIQUE).

Il y a cinq parties du monde, dont trois groupées ensemble.

Ce sont : 1° la petite Europe; 2° l'immense Asie; 3° la chaude Afrique.

Au sud de l'Asie, il y a l'Océanie toute en îles.

La principale est l'Australie aussi vaste que l'Europe.

SAUVAGES CURIEUX ET VOYAGEUR
COMPLAISANT (OCÉANIE).

VOYAGEURS TROUVANT UNE SOURCE DANS
LE DÉSERT AUSTRALIEN (OCÉANIE).

NOUVEAU MONDE

ENFANT INDIEN DANS UN
PETIT FAUTEUIL D'ÉCORCE
(AMÉRIQUE NORD).

DAME MEXICAINE
COIFFÉE DE VERS LUISANTS
(AMÉRIQUE NORD).

ENFANT BLANC ET FEMME INDIENNE
(AMÉRIQUE NORD).

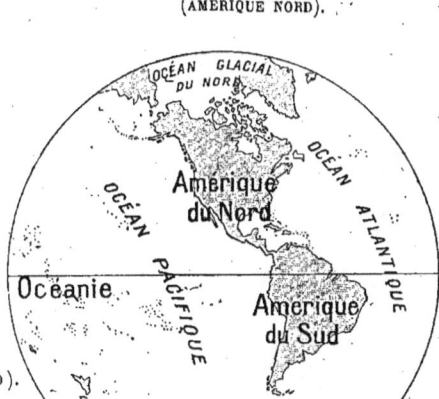

NÈGRE DES
ÉTATS-UNIS
(AMÉRIQUE NORD).

Ho! Hé!
Halte
là!

CAPTURE DE TORTUE
(AMÉRIQUE SUD).

CROCODILES QUI SENTENT LA CHAIR FRAICHE :
MAIS ILS NE PEUVENT PAS GRIMPER SI HAUT.
(AMÉRIQUE SUD.)

Les deux Amériques, reliées par l'isthme de Panama, s'allongent comme une île immense sur l'autre moitié du globe.

C'est la patrie des Peaux-Rouges, mais elle a été envahie par les blancs.

EUROPE : FRANCE
LE PLUS BEAU PAYS SOUS LE CIEL

EUROPE : FRANCE (Suite)
LE PLUS BEAU PAYS SOUS LE CIEL

EUROPE : ESPAGNE

PAUVRES TAUREAUX.

Rodrigo grimpé sur les plus hauts palmiers. Hier, il a cueilli et vendu beaucoup de belles palmes pour les processions de Pâques. Puis il a dit à sa fille : « C'est demain course de taureaux à Madrid. Mets à la mule ses pompons jaunes et rouges, et nous irons... — Quel bonheur... »

LA MULE ESPAGNOLE.

Les voilà à la ville. Déjà les arènes sont presque pleines. On fait entrer le taureau.

Ah! la pauvre bête! Le toréador l'excite, le pique ; le taureau corne, il blesse les chevaux et le toréador. Mais à la fin, il tombe, son sang coule et il meurt, en regrettant sa prairie où il était si heureux.

LA COURSE DE TAUREAUX.

PALMIERS D'ESPAGNE.

EUROPE : PORTUGAL
PETIT PAYS, GRANDS MARINS.

Trap, trap, trap...! Il fait bien chaud à Lisbonne pour courir si vite. Bah! Pia y est habituée; elle habite un petit hameau de pêcheurs, et dès que la barque de son père rentre au port, elle est là avec sa grande corbeille d'algues humides ; elle y pose les huîtres, les moules, etc., et la voilà trottinant vers la ville pour

PIA VEND DES COQUILLAGES.

LE MARCHAND DE LIMONADE.

vendre bien frais.

Elle rencontre le marchand de limonade avec un passant qui boit à la régalade, mais Pia ne s'arrête pas.

Au marché, les portefaix lourdement chargés et les poissonnières qui attendent les acheteurs, lui crient en riant :

« Bonjour, Gazelle, vas-tu faire fortune au Brésil? » Pia sourit, fière comme tout son peuple des grands empires fondés jadis outre-mer.

LES POISSONNIÈRES A LISBONNE.

EUROPE : ANGLETERRE

YES! NO!

DÉPART DE JOHN.

VITE A LA GARE!

John Bull, le petit Anglais, est débarqué hier soir chez son oncle, tout près de Londres.

Ce matin il a posé sur son lit le billet suivant : « Je vais voir la ville. Je rentrerai tard. » Puis il est sorti à grands pas, sans oublier son parapluie, car il pleut très souvent en Angleterre.

C'est l'heure où les gens qui ont à faire à Londres prennent le train. Voilà justement toute une famille en route. C'est aussi l'heure où les laitiers apportent le lait de la campagne.

Arrivé à Londres, John enfile une rue, puis une autre : Quels beaux magasins! et quelle foule de gens, de voitures et d'omnibus.

Il y a aussi de grands parcs où il se repose, un peu, en regardant les garçons qui courent et sautent, sur les pelouses préparées exprès pour les jeux de balle.

LE LAITIER.

JEU DE BALLE.

EUROPE : ANGLETERRE (Suite)

« AU PARFAIT PLUM PUDDING ».

« AU JAMBON D'YORK ».

Mais voici que John a faim. Il aperçoit une boutique avec cette enseigne « Au Jambon d'York » et, tout près, une pâtisserie « Au parfait Plum Pudding ». Où ira-t-il ? il craint d'avoir trop peu d'argent pour les deux et il se décide pour le Plum Pudding. On lui en sert une énorme tranche qui le rend aussi joyeux que l'enfant de l'enseigne.

Restauré, John se remet en route : il voudrait voir la Tour de Londres. Comme il fait sombre ! est-ce le brouillard, la fumée ou le jour qui finit ?... Tous les trois !.... et voici même la pluie !...

John veut retourner à la gare, mais il ne sait plus du tout par où il est venu, et les gens qui se sauvent sous l'averse ne s'arrêtent pas pour lui indiquer son chemin.

PERDU DANS LONDRES.

Il va donc d'ici, de là ;... enfin, dans la soirée, le voilà bien las sur un trottoir où un policeman le remarque et le conduit au poste pour y passer la nuit, tandis qu'on télégraphie à son oncle de ne pas être inquiet.

SUR LE TROTTOIR.

LA PLUIE A LONDRES

EUROPE : SUÈDE & NORVÈGE
LE SOLEIL DE MINUIT

LE FACTEUR SUÉDOIS EN HIVER.

OLAF ET SA MAMAN.

Plus vite que le vent d'hiver, le facteur court sur ses grands patins à travers la Suède couverte de neige.

« Maman, dit le petit Olaf en rentrant de l'école, je devine que tu as reçu une lettre de papa. A-t-il bientôt fini le tour du monde ? — Pas encore ; son bateau est maintenant dans un pays toujours chaud où les nuits et les jours sont de la même longueur. — Oh ! c'est bien mieux chez nous, nos longs jours d'été avec leurs soirées si claires qu'on pourrait toute la nuit jouer sans lumière.

— Oui, dit la mère, et pour se rattraper les plantes poussent vite, vite, surtout au nord, car, pendant quelque temps, le soleil brille même à minuit ! On peut cueillir les framboises et les airelles dans les bois et les petits Lapons font des bouquets ou se promènent sur le dos des rennes.... »

ON POURRAIT JOUER TOUTE LA NUIT SANS LUMIÈRE.

EN PROMENADE.

La mer chante
A voix lente,
Et voici
Qu'elle dit :

« Sur mes plages
Que de jeux :
Coquillages
Merveilleux !
Sable ivoire
Doux et chaud !
Et baignoire
De vive eau ! »

La mer chante
A voix lente,
Et voici
Qu'elle dit :

« Je suis riche :
Partout niche,
Poisson fin
Et fretin...
Je suis forte :
Quels bateaux
Grands et gros
Je transporte ! »

EUROPE : DANEMARK
AU MILIEU DES DÉTROITS.

CHRISTIAN VEUT VOIR LE MONDE.

Christian, l'écolier, lit et relit les voyages des anciens Danois qui ont touché l'Amérique avant Christophe Colomb, et, de loin, dans les prés avec les troupeaux, il regarde la grosse boule de la tour du guet en pensant : « Bien sûr, qu'on voit Copenhague, notre capitale, dans son île, et notre Islande au bout de la mer... et les nègres... et les Peaux-Rouges.... Si je pouvais monter là-haut ! »

C'est fait, il est là-haut ! et il voit un peu plus d'eau et de plaine qu'avant; voilà aussi un clocher de Copenhague,... pas d'Islande, ni l'Afrique, ni l'Amérique, c'est trop loin, puis la terre est ronde.... Eh bien ! pour voir le monde, il se fera marin !

Mais comment descendre ? Il a lâché la corde qui hisse le drapeau... enfin il la ressaisit et se laisse un peu glisser; alors le guetteur saisit Christian par les pieds, tandis qu'en bas une voix désolée crie : « Mon fils ! mon fils ! » C'est sa maman, la laitière, qui l'a vu en arrivant à la ville... elle lui donne mille baisers, puis une fessée comme il n'en a jamais reçu.

LA MAMAN DE CHRISTIAN.

EUROPE : HOLLANDE

PAYS SUR PILOTIS.

Dame Wilhelmine, la bonne crémière d'Amsterdam, vend ses gaufres et sa crème tout en pensant au grand Klaus son mari et au petit Klaus son fils. Aujourd'hui, le petit Klaus a dix ans et il est le mousse de son père qui est batelier. La Hollande a beaucoup de bateaux, car de tous côtés il y a des canaux qui conduisent aux villages et aux champs comme des routes.

DAME WILHELMINE.

Les deux Klaus partent chaque matin avec les gens et les marchandises de la ville et ils reviennent chargés de légumes, fruits, fleurs, fromages et pots de crème fraîche pour dame Wilhelmine.

Ce soir, on fêtera les dix ans de Klaus et il se dit : « Aurai-je un livre comme l'an passé ? » Oui, Klaus, le livre est déjà dans l'armoire avec un beau florin neuf.

LE BATEAU DU GRAND KLAUS.

EUROPE : BELGIQUE

TOUT LE MONDE AU TRAVAIL !

Court-Toujours, le bon chien, traîne à travers les rues de Bruxelles la charrette à lait de Gertrude, la laitière. Il connaît les pratiques aussi bien que sa maîtresse, et il s'arrête de lui-même.

Il va d'abord chez Gudule, la vieille dentellière, qui du matin au soir est à ses fuseaux.

Elle a écarté son rideau pour y mieux voir, car son dessin est très difficile.

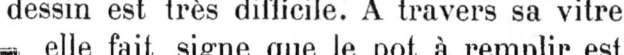
LA LAITIÈRE BELGE.

A travers sa vitre elle fait signe que le pot à remplir est sur le rebord de la fenêtre. « Bonjour, Court-Toujours, crie-t-elle, embrasse mon gros Lucas de ma part. »

Lucas, son petit-fils, habite un peu plus loin ; c'est encore un bébé. Sa maman file du beau lin mince comme du fil d'araignée pour les bobines de grand'mère. Lucas voudrait aider et il s'approche du rouet en se trémoussant dans son chariot.

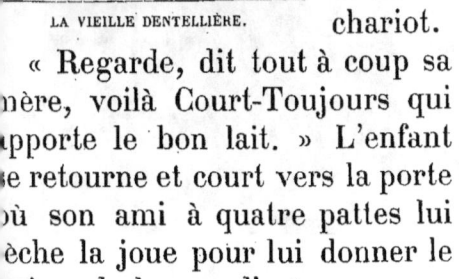
LA VIEILLE DENTELLIÈRE.

LUCAS ET SA MAMAN.

« Regarde, dit tout à coup sa mère, voilà Court-Toujours qui apporte le bon lait. » L'enfant se retourne et court vers la porte où son ami à quatre pattes lui lèche la joue pour lui donner le baiser de la grand'mère.

EUROPE : ALLEMAGNE
IA ! NEIN !

Hans et Grétel font la veillée chez leur grand'-mère. Tous les soirs, quand les devoirs de l'école sont finis, ils viennent s'asseoir près d'elle qui file en chantant un vieux cantique ; Hans tire son couteau pour découper le bois et Grétel l'admire.

Hans est habile, il sait faire tous les animaux de l'arche de Noé et il en vend même aux marchands pour les arbres de

LE COUCOU DE LA FORÊT-NOIRE.

LES ANIMAUX DE BOIS.

Noël. — Il a aussi découpé le bois de l'horloge de grand'mère. Puis l'horloger y a mis les rouages.

Tout à coup une porte s'ouvre au-dessus du cadran, le coucou paraît et crie dix fois.

— « Déjà si tard, dit Grétel, pas possible ! »

Mais au même moment, voilà le veilleur de nuit qui chante dans la rue :

« Bonnes gens ! il est dix heures,
Dormez bien dans vos demeures !
Si quelque enfant crie et geint,
J'ai des verges sous la main. »

LE VEILLEUR DE NUIT.

EUROPE : ALLEMAGNE (Suite)

Hans et Grétel sont sortis dans la campagne et les voilà bien contents de rencontrer Madame Cigogne qui revient d'Afrique après avoir volé plus de trois jours par-dessus la terre et la mer.

Elle annonce le printemps :

C'EST LE PRINTEMPS.

il va y avoir des fleurs partout, puis des fraises, et des cerises....

Tout à coup, les enfants entendent des chants et des rires sur la route voisine, ils vont voir. Ce sont des étudiants de Berlin en promenade. Quelles petites casquettes ! Et quels beaux costumes !

Dix ans ont passé. Hans est soldat à la ville, mais il vient souvent à la campagne, voir Grétel qui le régale de nouilles et de saucisses à la choucroute, avec de la bonne bière bien fraîche.

ÉTUDIANTS ALLEMANDS.

Hans aime beaucoup la bière, trop même. Le soir, avant de rentrer à la caserne, il lui en faut encore une grande chope, pendant que Grétel tient le fusil.

HANS AIME TROP LA BIÈRE.

EUROPE : SUISSE

NEIGES ÉTERNELLES.

CHIENS DANS LA NEIGE.

JEUX D'HIVER : TRAINEAUX ET BOULES DE NEIGE.

La Suisse est pleine de montagnes ; les plus hautes, les Alpes, sont couronnées de glace même en été, et la pluie y tombe presque toujours en neige qui est souvent terrible : elle fait les avalanches, elle recouvre les chemins et les voyageurs.... Parfois on dresse des chiens pour aller au secours....

L'hiver, tout le pays est longtemps sous la neige à la grande joie des écoliers.

Au printemps cela coule en mille ruisseaux, rivières et fleuves.

« Notre Suisse ne touche aucune mer, mais, quels grands lacs elle a ! » dit fièrement Max à Lina, en ramant sur celui de Genève, formé par le Rhône.

PROMENADE SUR LE LAC DE GENÈVE.

EUROPE : SUISSE (Suite)

LA FROMAGERIE DU CHALET.

AU PATURAGE.

Max fait souvent des courses de montagne ; il voit des forêts, des glaciers, des cascades et des prairies pleines de troupeaux ; les vaches ont beaucoup de lait dont on fait des mottes de beurre, ou les grosses roues des fromages de Gruyère, célèbres de Berne au bout du monde.

Voilà Fritz, le maître fromager, à l'ouvrage, dans son chalet. Les bûches de sapin font un feu clair qui sent la résine. Les bergers des environs ont apporté leurs seaux pleins de lait dans le chaudron où il devient un caillé épais qu'on versera dans un énorme moule. — Un chamois curieux regarde, mais il disparaîtrait comme l'éclair, si le fromager se retournait.

EUROPE : ITALIE

AU PAYS DU MACARONI

Dans un coin du golfe de Naples il y a des crabes superbes et en quelques minutes, Paolo, le petit Italien, en a pêché trente. Il les a attachés et suspendus à un bâton et il les porte au marché.

« Change un de tes crabes contre une de mes figues, lui dit une femme chargée de fruits et de fleurs.

AU MARCHÉ.

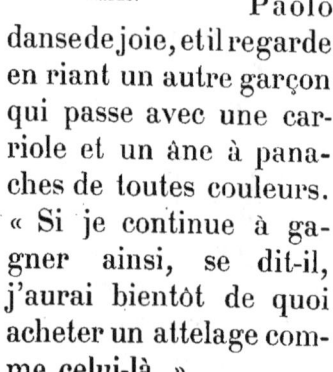

LE PETIT MARCHAND DE CRABES.

— Volontiers, » répond Paolo, et il pense : « Le marchand de macaroni me donnera sûrement une bonne portion contre deux crabes.... Du macaroni et une figue ! Quel festin !

— Moi, dit un berger qui vient de vendre une douzaine d'agneaux, je t'achète dix crabes pour dix sous. »

Paolo danse de joie, et il regarde en riant un autre garçon qui passe avec une carriole et un âne à panaches de toutes couleurs. « Si je continue à gagner ainsi, se dit-il, j'aurai bientôt de quoi acheter un attelage comme celui-là. »

UN JOLI PETIT ANE.

LES MARIONNETTES.

Paolo a grandi, il est joueur de cornemuse et montreur de marionnettes ; sa jambe tire un cordon qui fait danser M. et Mme Polichinelle. Tout le monde rit, le tout petit Nino tend les bras, Carlo amène son chien pour voir aussi.

Hélas ! la comédie est finie quand Luigi et Lucia sortent de l'école. Lucia pleure. « Console-toi, dit Luigi, Paolo reviendra ; puis, tu mettras ta coiffe neuve et ton tablier brodé, et nous irons voir Rome et ses belles églises ! »

« CONSOLE-TOI. »

EUROPE : AUTRICHE-HONGRIE
CHASSES ET CHANSONS.

STÉPAN, le chasseur hongrois, parcourt la forêt ; tout à coup son cheval se cabre : un ours qui cherche du miel se dresse devant eux.... Paf ! Paf ! l'ours tombe, et l'homme dit :

« Un voleur de moins pour enlever cet hiver dans la plaine les

LA MORT DE L'OURS.

vaches et les chèvres. Ouf ! que de graisse à pommade, et quels jambons pour Noël ! »

Tout joyeux, Stépan charge l'énorme bête sur son cheval pour rentrer vite au village, car c'est jour de marché. Les gens

LE MARCHÉ.

lui feront fête et on parlera de lui dans tout le pays, jusqu'à Vienne où il va envoyer la peau, la graisse et les grosses griffes, avec les deux chevreuils qu'il a tués hier ; puis il repartira pour la chasse.

L'Autriche a de grandes forêts et tant de gibier, que le soir, en chantant dans la campagne, les paysannes font fuir des chevreuils à moitié endormis.

LES CHANTS DU SOIR.

EUROPE : ÉTATS DANUBIENS

ROUMANIE, SERBIE, BULGARIE.

Père, dit Militza, la petite tresseuse de paniers a pêche, qui va de grand matin cueillir des joncs au bord du Danube, père, je vois souvent des biches qui viennent boire avec leurs petits faons encore plus craintifs qu'elles.

— Oui, répond le vieux batelier roumain, notre Danube a de l'eau pour tout le monde : il abreuve toutes sortes de bêtes sauvages et des troupeaux domestiques sans nombre ; — il arrose des champs, des forêts, des prairies immenses ; — il nourrit des millions de poissons ; — il désaltère plus d'une demi-douzaine de peuples, l'Allemand et l'Autrichien, le Hongrois et le Bulgare, le Serbe et le Roumain !... C'est le plus long fleuve d'Europe, sauf le Volga de Russie, et c'est le plus gros ! »

EUROPE : TURQUIE

BABOUCHES ET LONGUES PIPES.

Le petit Turc, Sélim, prend son bain. Sa nourrice joue avec lui ; elle a mis dans la baignoire des grains de parfum, mais les grains fondent et les petites mains de Sélim n'attrapent jamais rien. Il se fâche ; il tape l'eau qui jaillit de tous côtés : « Sois sage, Sélim, dit la maman, il ne faut pas mouiller mes beaux voiles. » Mais Sélim n'écoute rien. Alors la nourrice le prend dans ses bras et le roule dans un linge sec bien doux. Puis elle lui met sa toilette du matin : une petite chemise et un fez seulement, car il fait très chaud.

LA MAMAN DE SÉLIM.

SÉLIM AU BAIN.

Bientôt il va dire bonjour à son papa qui fume déjà sa longue pipe. Puis Sélim sort dans la cour où il y a des fleurs et un jet d'eau.

Bon ! voilà un marchand d'oiseaux qui arrive avec plusieurs cages.... Sélim demandera à son papa de lui acheter la pie qui crie : « Vive Constantinople ». En attendant il joue avec elle à travers les barreaux, et lui promet du nougat et des fruits confits.

LE PAPA DE SÉLIM.

LE MARCHAND D'OISEAUX.

EUROPE : GRÈCE

DEUX FOIS PRESQU'ILE.

Le petit Achilléos dort au ron ron du dévidoir de grand'-mère ; on dévide les cocons des vers à soie ; la tante Marionka les verse dans l'eau bouillante pour les amollir, la maman accroche les fils avec son petit balai de bruyère, et grand'mère les enroule en disant : « Avec cette soie on tissera des voiles et des écharpes brodées, mais, avant tout il faut pour Achilléos une belle ceinture rouge comme celle de son papa. »

— Moi, dit Marionka, j'ai déjà mis de côté notre meilleur miel pour ses premières tartines.

— Moi, dit la maman, je lui garderai pour l'hiver une grande corbeille de nos figues et de nos raisins secs.

— Vous allez gâter ce garçon, dit le père ; moi, je l'enverrai étudier à Athènes comme les Grecs d'autrefois.

— Bah ! dit la grand'-mère, pas besoin d'étudier pour savoir que chez nous chaque coup de pioche peut trouver une belle statue ! »

DÉVIDAGE DES COCONS AU VILLAGE.

EUROPE : RUSSIE
LA MOITIÉ DE L'EUROPE

Ding dong, ding dong.... Grande fête ! Sous les coupoles dorées des églises, les cloches sonnent à toute volée, à Saint-Pétersbourg, à Moscou, par tout le pays.

Un petit tsar vient de naître et tous les enfants du même jour seront ses filleuls, dans son vaste empire qui couvre la moitié de l'Europe et le tiers de l'Asie. — Or, au village, Boris, le petit paysan, vient aussi de naître ; sa marraine dit, balançant son berceau de bois suspendu au plafond : « Vive le tsar ! Il sera ton parrain ! Il enverra une boîte de caviar pour ton baptême, et des bottes avec une pelisse d'astrakan frisé ; et quand tu iras à l'école, tu lui écriras : Merci, petit père ! »

UN PETIT TSAR VIENT DE NAITRE.

BORIS, LE PETIT PAYSAN.

BORIS IRA A L'ÉCOLE.

EUROPE : RUSSIE (Suite)

Boum ! boum ! boum ! Six coups de fusil : puis encore et encore vers l'Océan glacial russe : c'est le

LE SALUT AU SOLEIL.

salut au soleil ! Voilà six mois qu'on ne le voyait plus ; il était derrière la terre, il y avait les étoiles et la lune et souvent de belles aurores boréales, mais cela ne réchauffait pas.

Enfin ! ce matin il a reparu un moment, il reviendra toujours plus longtemps, et ce sera l'été : la neige fondra. Les tout petits qui n'ont pas encore de fusils dansent en chantant : « Le soleil revient, le soleil revient ! »

LES TOUT PETITS DANSENT.

« Moi, s'écrie Dimitri, je sèmerai mon jardin tout plein de salades pour maman !

— Moi, dit Serge, je cueillerai des mûres pour les confitures.

— Moi, dit Ivan, j'irai avec mon père dans le steppe capturer un poulain sauvage pour remplacer notre vieux cheval. »

CAPTURE DU CHEVAL SAUVAGE.

ASIE : SIBÉRIE
ENCORE CHEZ LE TSAR.

Voila le troupeau des ours blancs amenés par les chasseurs sibériens au marché d'Irkoutsk, où les directeurs des cirques et des ménageries de tous pays viennent en acheter.

Quant aux chasseurs, ils sont repartis avec leurs traîneaux et leurs chiens, et glissant comme l'éclair sur leurs longs patins à neige,

MARCHÉ AUX OURS.

CHASSEURS SIBÉRIENS.

PÊCHEURS SIBÉRIENS.

ils disent : « Hâtons-nous : c'est le temps des animaux à belles fourrures ! Venez, renards argentés, écureuils petits-gris, hermines, zibelines, pour les tapis, les manchons et les manteaux des gens riches. »

Sur un fleuve gelé, ils aperçoivent des pêcheurs qui font un trou dans la glace pour attraper du poisson et qui leur crient : « Il fait bien froid ! — Bah, répondent les chasseurs, l'été reviendra tout de même et il fera trop chaud ! »

ASIE : SIBÉRIE (Suite)

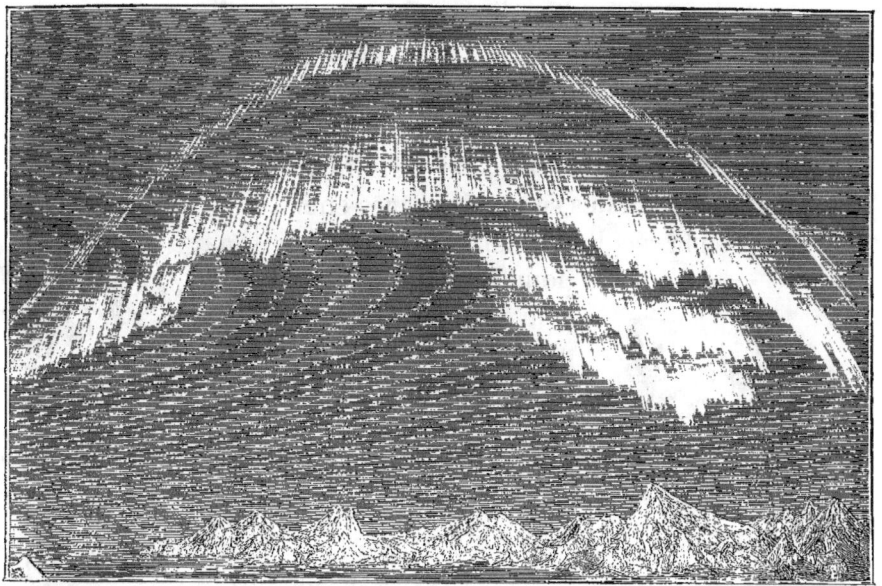

AURORE BORÉALE EN SIBÉRIE.

UNE FAMILLE SIBÉRIENNE.

L'aurore boréale illumine la Sibérie comme un grand nuage enflammé de toutes couleurs; quelle joie au milieu de la longue nuit de six mois. — Aussi le père a dit : « Allons fumer dehors », et il prend son accordéon pour faire danser les enfants. Quels gros gants de fourrure ! Et ces chapeaux ! C'est qu'il fait froid, tout de même !

ASIE : EMPIRE CHINOIS
TASSES DE THÉ ET LONGUES QUEUES.

C'est le printemps : paysannes et paysans chinois sont dans leurs champs. Les arbres à thé ont déjà des pousses nouvelles et on se hâte de les cueillir, car ce sont les plus parfumées et elles se vendent très cher. — Puis, voici la récolte des feuilles de mûrier pour les petits vers à soie en train d'éclore ; c'est leur fil qui fait là-bas presque tous les vêtements, et qui allonge les cheveux pour les belles queues à la chinoise.

Vous voyez justement ici celles de Li et de Fo qui leur ont sauvé la vie. — C'était en hiver ; ils patinaient et ne voulaient pas se séparer, alors Fo dit : « J'ai une idée… », etc.

CUEILLETTE DU THÉ.

I. « J'AI UNE IDÉE ».

CUEILLETTE DES MÛRIERS.

III. HÉLAS ! LES CHOSES SE GATENT.

IV. L'IDÉE ÉTAIT BONNE TOUT DE MÊME.

V. CHER FO, SANS NOS QUEUES, OÙ SERIONS-NOUS CET ÉTÉ ?

ASIE : EMPIRE CHINOIS (*Suite*)

TA RA TA TA, ta ra ta ta.... Hors du lit, disent les grandes trompettes chinoises, comme nos tambours et nos clairons quand ils sonnent la diane. Or, là-bas, on se couche tout habillé sur des nattes, aussi est-on bientôt levé et chacun court à ses affaires, après le premier thé.

LES TROMPETTES DU MATIN

PALANQUIN ET CHAPEAUX PARAPLUIES.

Voici un mandarin qui part pour Pékin malgré la pluie ; le palanquin est bien fermé et les porteurs ont des chapeaux parapluies.

Le tueur de rats se promène avec son étalage, il y a déjà 19 rats, gros ou petits, dont chaque étiquette raconte l'histoire : rat du palais de l'empereur, rat de l'ambassade de France, etc. Les plus gros viennent naturellement des greniers au riz.

LE TUEUR DE RATS.

Enfin, quand le soleil a tout à fait chassé l'averse, le marchand de jouets appelle les enfants autour de sa corbeille en frappant sur son gong : dzim boum boum, dzim boum boum....

LE MARCHAND DE JOUETS.

ASIE : JAPON
LES ILES DES FLEURS

C'est aujourd'hui la fête d'Azalée, la petite Japonaise, et sa maman veut lui donner un petit jardin. Les voilà devant la boutique : « Choisis, mignonne, lequel de ces deux jardinets prends-tu ? » —

LES PETITS JARDINS.

« Celui-ci qui a trente petits vases et dix oranges sur un oranger pas si gros que mon doigt ! »

Un porteur qui remonte de la fontaine se charge de porter le petit jardin dès qu'il aura distribué l'eau pour le thé du matin.

LA FONTAINE JAPONAISE.

SUR LE FLEUVE. Les grands frères halent le bateau pour remonter le fleuve jusqu'à la maison; cela tire très fort devant l'embouchure de la rivière car son eau augmente le courant. Françoise croque des pommes, et elle se dit : « Si une de mes pommes tombait dans l'eau, elle ne suivrait pas mon bateau bien sûr; elle irait à la mer! » — Pourquoi ?

ASIE : JAPON (Suite)

Pendant ce temps, Bambou Rose et Grelot d'Argent, les frères d'Azalée restés à la maison, ont ouvert une boîte adressée de Paris à leur papa, pensant : « C'est un cadeau pour Azalée. Tiens, un tonneau d'encre ! — Non ! plutôt un accordéon. — Cela ne fait point de musique, c'est une cuvette. — Aïe ! l'eau coule. — C'est un vase à fleur, plantons-y vite un bel iris. »

Hélas ! voici papa qui gronde : « Gamins ! mon beau chapeau de Paris ! Vous n'aurez pas de riz à la rose pendant huit jours. » Les frères d'Azalée se sauvent et vont conter leur malheur à leurs grands-parents. Grand-père siffle son oiseau, Grand'mère file les cocons de ses vers à soie. Ils écoutent avec consternation l'histoire de la caisse ouverte. Une semaine sans riz à la rose ! Quelle punition !

Quant au chapeau perdu, tant mieux ; les modes de Tokio sont bien aussi jolies que celles de Paris.

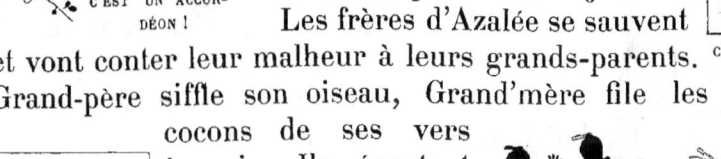

C'EST UNE CUVETTE !

LES MODES DU JAPON SONT LES PLUS JOLIES.

PAPA N'EST PAS CONTENT.

ASIE : INDO-CHINE
COCHINCHINE, ANNAM, TONKIN, ETC.

PRINCE EN PROMENADE.

JARDINIÈRE TONKINOISE.

Les Tonkinois sont dans leur jardin, plein de légumes et de fruits délicieux, non seulement ceux de France, mais tous ceux des pays chauds. Justement un prince qui se promène, vient d'arrêter son éléphant pour acheter un bel ananas et son domestique le lui rapporte.

La jardinière va remplir ses grands paniers et les orner de fleurs pour les envoyer au marché, et les dames viendront vers le soir, à la fraîcheur, faire leurs emplettes. Voilà des petits marchands qui mangent leur bol de riz avec deux baguettes en attendant les acheteurs.

BELLE DAME TONKINOISE.

LE GOUTER DES PETITS MARCHANDS DE FRUITS ET DE LÉGUMES.

ASIE : INDE

UN EMPIRE ANGLAIS

Voila le coureur hindou qui porte les lettres aux villes semées dans la plaine et sur les monts Himalaya, les plus hauts du globe.

LE COUREUR HINDOU.

Que de choses il voit sur sa route ! Dans la forêt, un tigre guette un voyageur. Au bord d'un fleuve, des Anglais font la chasse au rhinocéros. Dans la plaine brûlante, d'énormes serpents se dressent.

LE TIGRE GUETTE.

Mais il n'a pas du tout peur, il connaît bien toutes ces bêtes et sait les éviter. Pendant des heures, il court ainsi sans repos.

CHASSE AU RHINOCÉROS.

LES ENFANTS LUI DISENT AU REVOIR !

Il pose une ou deux lettres dans chaque village souvent chez le maître d'école assis par terre avec ses élèves ; puis il repart, et les petits enfants qui le reconnaissent font signe de la main pour lui dire « Au revoir ! »

MAITRE ET ÉCOLIERS HINDOUS.

ASIE : ARABIE

DÉMÉNAGEMENTS FRÉQUENTS.

La tribu nomade change d'oasis, car les pâturages sont broutés. Les chameaux portent les bagages et les marmots endormis ; en route, on aperçoit une troupe d'autruches et de gazelles : Pan ! Pan !... cela réveille deux petits qui se dressent étonnés : « Chaud ! dit l'un. — Soif », répond l'autre. Mais on approche d'une nouvelle oasis et l'air fraîchit. Voilà qu'on est arrivé. On plante les pieux, on étend les tentes et les nattes, et bientôt on est réinstallé. Les hommes prennent soin des troupeaux. Un vieillard dresse son métier pour tisser un tapis en poil de chameau. Les femmes et les enfants font les feux pour le riz et le café, tout en suçant des dattes et des figues de cactus.

EN FUITE.

CHANGEMENT D'OASIS.

NOUVEAU CAMPEMENT.

TISSAGE D'UN TAPIS.

ASIE : PERSE

On revient d'une grande foire et on passe le fleuve pour rentrer au village.
Oh! la pauvre vieille femme qui marche avec un baton! et cette bergère qui a son enfant a la main et un veau blessé dans ses bras... comme leurs amis devraient leur venir en aide!

AFRIQUE : ALGÉRIE

TURBANS ET BURNOUS.

Ce matin, à l'heure où la sonnerie des Turcos réveille l'Algérie, on a ouvert les portes toutes grandes pour le départ des chefs arabes allant à la chasse au faucon. Naturellement il y avait beaucoup de curieux et surtout des enfants. L'un d'eux même, le petit Abdallah, criait : « Emmenez-moi, je

TURCO.

A LA PORTE DE LA VILLE.

DÉPART POUR LA CHASSE AU FAUCON.

suis grand maintenant et je saurai bien tuer un lion et aussi les vilains chacals et les hyènes qui crient la nuit autour de la ville, je n'ai pas peur, moi! Et je prendrai des gazelles et des girafes pour jouer. »

Hélas! on ne l'a pas écouté et ses camarades ont essayé de le consoler en lui parlant du charmeur de serpents qui vient d'arriver sur la place publique :

« Allons voir, disent-ils, ce sera très amusant. »

Abdallah les suit enfin en répétant :
« J'aimerais mieux tuer un lion. »

LE CHARMEUR DE SERPENTS.

AFRIQUE : TUNISIE
OLIVIERS ET CHAMPS DE BLÉ.

Là-bas, dans les champs de Tunisie, le petit Mourad passe le printemps à chasser les oiseaux pillards qui s'abattent sur les sillons ensemencés ; et il pense : « Les oiseaux sont voleurs ; mais ils valent encore mieux que les sauterelles ! »

MOURAD CHASSE LES OISEAUX.

Deux voyageurs venant du sud ont raconté qu'ils avaient traversé des pays où l'air était noir de sauterelles et où les arbres broutés par elles n'avaient plus ni un fruit ni une feuille. Si elles allaient venir !

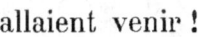
LES SAUTERELLES.

On se hâte donc de cueillir les olives. La récolte est superbe : le père et les frères de Mourad rentrent tous les soirs avec leur âne lourdement chargé d'olives.

LA CUEILLETTE DES OLIVES.

AFRIQUE : ÉGYPTE
VIVE L'EAU !

LES BELLES DAMES SUR LEURS TERRASSES.

C'est le soir en Égypte. Les belles dames du Caire sont sur leurs terrasses et l'ombre fraîche monte le long des Pyramides comme sur des montagnes. Les âniers porteurs d'eau vont remplir leurs cruches en suçant une tranche de pastèque.

Les troupeaux de chameaux rentrent du désert et s'arrêtent aux fontaines.

« J'ai cru mourir de chaleur, dit une des dames en agitant son éventail de plumes d'autruche. — Oui, dit l'autre, le vent du désert soufflait et jamais une goutte de pluie pour nous. Sans notre merveilleux Nil, nul ne pourrait vivre ici !

— Le Nil ! il commence à déborder, n'est-ce pas ? »

LES ÂNIERS.

En buvant du café, les passants parlent aussi du Nil : « L'eau monte-t-elle bien ?

— Oui, elle baigne déjà le tronc des palmiers plus haut qu'un homme ! »

« Où sont en ce moment les crocodiles, demande un étranger qui vient d'arriver par le chemin de fer ?

— Les crocodiles ? Ici on n'en voit plus :
  Grande ville
  Chasse crocodile ! »

LES HOMMES PARLENT AUSSI DU NIL.

AFRIQUE : ÉGYPTE (Suite)

Myriam, la petite Égyptienne, fait boire son âne : ils reviennent de promener une Anglaise, aux Pyramides et au Sphinx. — C'est leur métier de conduire ainsi les étrangers aux ruines de la vieille Égypte.

« Ouf! fait l'âne, j'ai soif a boire la mer... pas la mer Rouge pourtant, car on la dit chaude a tisane! » — Myriam, au contraire, pense : « Je voudrais bien voir la mer Rouge : la dame m'a dit qu'elle est pleine de corail pour faire des colliers. »

AFRIQUE : ABYSSINIE

UNE SUISSE AFRICAINE.

Montagnes sur montagnes, forêts et pâturages où le gibier abonde ! Les chefs sont

CHASSE AUX HYÈNES.

toujours en chasse ; ils détestent les hyènes et les chacals qui empêchent de dormir en criant autour des villages, et ils aiment l'ivoire des éléphants et des rhinocéros, ainsi que les belles peaux des léopards, des zèbres, des singes, etc.

Voici un lion attaquant une girafe, il l'entraînera dans le fourré en entendant les chiens. Les petites gazelles se sauvent aussi, elles qui ont toujours peur. Il y en a pourtant qui

LE LION ATTAQUE LA GIRAFE.

ne sont pas craintives, ce sont celles qui habitent les jardins du bon prince Théodoros. Elles s'y promènent en liberté et comme on ne leur fait jamais de mal, elles viennent se faire caresser même par les étrangers.

LES GAZELLES APPRIVOISÉES.

AFRIQUE : SAHARA

SABLE ET SOIF.

LA CARAVANE.

LE SIMOUN.

La caravane sort de la ville, où elle a apporté les dattes des oasis, les tapis et les couvertures de poils de chameaux. Elle les a échangés contre les graines et les objets que l'oasis ne produit pas, et maintenant elle va traverser de nouveau le désert.

Hélas! voilà le vent qui s'élève, le vent brûlant, le terrible *simoun*, chargé de sable qui obscurcit le soleil. Les chameaux et les chevaux ne peuvent plus respirer; les cavaliers cachent leurs visages dans leurs burnous pour n'être pas étouffés. L'air en feu dessèche la provision d'eau.....

Si le simoun dure longtemps, la caravane mourra de soif.

Heureux les gens de l'oasis qui, du moins, peuvent aller remplir leurs cruches au puits sous les palmiers, et les mendiants bénissent les porteurs d'eau qui leur donnent à boire.

A BOIRE!

AFRIQUE CENTRALE
SOUS L'ÉQUATEUR.

Le roi fait faire sa plus belle coiffure.

MONNAIE DE COQUILLAGES.

PRÉPARATIFS DE FÊTE.

Les négresses pilent les grains pour les galettes et fendent le bois pour les torches; les hommes sont à la chasse, pour les rôtis; car il y a grand bal chez le roi ce soir et tout le monde est invité.

Une de ses filles se lave avec une poignée de mousse qui lui sert d'éponge.

Une autre compte des coquillages, qui sont les sous de là-bas, pour s'acheter un collier de perles rouges.

Voici la fête du soir : le roi fait danser les petits enfants, puis ils iront dormir, et leurs parents continueront à danser toute la nuit.

BAL DE NÉGRILLONS.

AFRIQUE CENTRALE (Suite)

UNE ÉNORME TERMITIÈRE.

POURSUIVI PAR L'ÉLÉPHANT.

En attendant leur tour pour la fête, les papas nègres causent entre eux : « Moi, dit l'un, l'autre soir, en voyage, sentant venir l'orage, je suis entré dans une énorme termitière abandonnée ; je me suis glissé au premier étage en abattant quelques cloisons, et j'ai dormi là mieux au sec que dans ma hutte. — Moi, dit un second, j'ai été poursuivi, hier, par un éléphant blessé ; heureusement j'ai pu me cacher dans un arbre creux. — Moi, dit un troisième, j'ai tué un crocodile qui guettait nos femmes quand elles vont à la rivière. — Ah ! mes amis, disent deux autres, quelle peur ce matin…. Comme nous pêchions, notre canot a frôlé un hippopotame endormi dans la vase. Il s'est éveillé furieux, il a brisé le canot et c'est à peine si, tout meurtris, nous avons pu nous sauver à la nage. »

LA MORT DU CROCODILE.

L'HIPPOPOTAME FURIEUX.

AFRIQUE SUD
DIAMANTS ET PATURAGES

FAMILLE DE BOERS EN VOYAGE.

Mâchuré est un négrillon perdu. Il y a eu la guerre, près de son village, pour des mines de diamant, et lui s'est sauvé avec sa girafe apprivoisée, son chien, trois œufs d'autruche et trois noix de coco. Tantôt la girafe porte Mâchuré, son chien et son bagage; tantôt elle trotte derrière; quand elle a faim elle lève la tête pour brouter les arbres; mais Mâchuré ne lâche pas la bride et bientôt tout s'arrange. Ils vont ainsi à travers les herbes et les buissons du désert.

MACHURÉ EN VOYAGE.

MACHURÉ NE LACHE PAS LA BRIDE.

Un jour, ils voient une longue file de bœufs attelés : c'est une famille de Boers en voyage. — Puis ils aperçoivent deux Cafres qui allument du feu afin de griller des sauterelles pour leur dîner. — Enfin, voici près d'un village, un nègre qui se promène avec son singe. Mâchuré est bien content, le grand nègre est un ancien ami de son père et il aura soin de lui.

CAFRES ALLUMANT DU FEU.

SINGE APPRIVOISÉ.

AFRIQUE : MADAGASCAR
MALGACHES ET FRANÇAIS

C'est la fête du 1ᵉʳ janvier à notre île (plus grande que la France), qui a l'été quand nous avons l'hiver, et les gens vont à la ville. Voilà une grosse dame sur sa chaise à porteurs. Voilà aussi des paysannes avec des corbeilles

LES MARCHANDES DE FRUITS.

de fruits qu'elles viennent d'abattre. Au contraire, une jeune maman va à la campagne, son enfant sur son dos, pour faire visite à la grand'mère.... Voilà enfin au bord de la route une marchande d'eau fraî-

SUR LE DOS DE MAMAN.

EN CHAISE A PORTEURS A MADAGASCAR.

che, qui verse à boire dans une petite casserole, et elle gagne beaucoup, car il fait très chaud et les passants ont bien soif.

Quant aux jumelles, loin de Tananarive, elles se sont dit : « Restons chez nous sous les grands arbres où il fait frais. » Et elles font une espèce de jeu de billes très amusant.

UNE SINGULIÈRE TASSE.

UN JEU MALGACHE.

AMÉRIQUE NORD : GROENLAND

SOUS LA NEIGE.

VILLAGE D'ESQUIMAUX (HIVER.)

Voici l'Amérique du froid, avec ses maisons d'hiver en terre et en glaçons couverts de neige. Tant pis si le grand feu allumé au milieu fait des gouttières !

Six mois sans soleil, donc point de fenêtre ! mais le lard de phoque sert de bougie. On sort par un long couloir

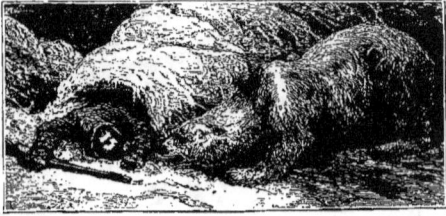

SURPRISE DÉSAGRÉABLE.

étroit et parfois on trouve un ours au bout. Pourtant les Esquimaux chantent et rient toujours. En été, le soleil brille nuit et jour, et on habite dans les tentes au milieu des champs fleuris.

VILLAGE D'ESQUIMAUX (ÉTÉ).

DANS LA MONTAGNE

L'Aigle pense : « Comme l'air est froid et léger sur la montagne. » Le Voyageur pense : « Comme le glacier est blanc entre le ciel bleu et la forêt verte. » Les petits Bergers pensent : « Voilà les touristes qui recommencent à venir voir notre cascade. » Les Moutons pensent : « Quelle herbe tendre et quelle eau fraîche malgré l'été. »

AMÉRIQUE NORD : CANADA

FOURRURES ET TRAINEAUX.

Le Canada est un pays de grandes forêts où il y a beaucoup de chasseurs de fourrures. En voilà qui préparent leur dîner. La marmite bout pour la soupe.

« Moi, dit l'un, j'apporte les poissons. — Moi, une loutre et une hermine à rôtir. — Moi, deux langues d'ours. — Moi, rien du tout !... » Un autre casse la glace pour puiser l'eau.

Pendant plusieurs mois la neige recouvre tout le Canada. Mais nul ne craint le froid, même dans les villes, et les gens ont inventé des jeux d'hiver, ainsi le *tobogan*, qui glisse sur les pentes de neige aussi vite que le vent.

Les Canadiens sont en général venus autrefois de Bretagne et de Normandie, et voilà le petit Loïs qui parle français au troupeau de dindons sauvages qui maraude près de la ferme.

« Allons, gouglous ! rentrez dans les bois : quand il faudra un rôti, j'irai vous chercher avec mon fusil ! ».

TRAPPEURS CANADIENS.

LE TOBOGAN.

LE PETIT LOÏS.

AMÉRIQUE NORD : ÉTATS-UNIS

PAYS NEUF.

Les États-Unis sont pleins de grandes villes : New-York, Chicago, qui ont des maisons à dix étages et plus ; et les anciens habitants, les Peaux-Rouges, se sont retirés bien loin dans les forêts.

Mais, en souvenir d'autrefois, les enfants américains jouent aux sauvages qui voient pour la première fois une petite fille blanche.... C'est Mabel Lincoln ; elle fait celle qui a peur, quoique ce soient ses cousins : « Ne me tuez pas », crie-t-elle.

UNE MAISON A DIX ÉTAGES.

ON JOUE AUX INDIENS.

Alors, pour l'amuser, les garçons font la danse des guerriers ; c'est un jeu très amusant. Quand ils sont fatigués de jouer, ils s'assoient sous les arbres et le grand William dit : « Comme c'est drôle de penser qu'en ce moment les petits enfants de Paris sont déjà dans leur lit.

— Oh ! font les autres avec étonnement, est-il possible ?

— Bien sûr, le soleil est couché pour la France quand il brille encore pour l'Amérique. »

LES ENFANTS DE PARIS.

AMÉRIQUE NORD : ÉTATS-UNIS (Suite)

A l'heure du goûter les enfants vont vers Cloé, leur vieille bonne qui prépare des fruits pour les confitures. — « Tante Cloé, une pêche, s'il vous plaît !
— Moi, je voudrais deux figues !
— Moi, un petit melon !... »
Tout à coup on entend l'oncle Tom qui passe avec son âne en criant sa marchandise : « Canne à sucre ! Canne à sucre ! » Toute la bande court à la porte du jardin acheter de grands morceaux à sucer.

Les Etats-Unis ont beaucoup de nègres, amenés d'Afrique autrefois pour être esclaves chez les blancs, et surtout cultiver les champs de coton.

TANTE CLOÉ, LA VIEILLE BONNE.

Maintenant, ils sont libres et Mabel en connaît qui sont marchands, comme l'oncle Tom, ou comme ce joyeux épicier coiffé d'un moulin à café, ou comme ce gros charcutier qui va au marché une casserole sur la tête ; d'autres sont domestiques, ainsi tante Cloé ou cette ménagère, suivie d'un négrillon porteur de pain.

LE MARCHAND DE CANNES A SUCRE.

AMÉRIQUE NORD : PEAUX-ROUGES

LES ANCIENS MAÎTRES.

Voilà les vrais Peaux-Rouges et leur village. Les chefs font la première chasse du printemps. Les flèches volent, les bisons mugissent, plusieurs tombent et les autres fuient.

Ce soir les chefs rentreront chargés de gibier et, devant les tentes, les femmes et les enfants allumeront de grands feux sur lesquels on rôtira les bisons. Puis avec leurs longs couteaux, les chefs prendront les morceaux qu'ils préfèrent, et quand tout le monde aura mangé, le reste sera pour les chiens. Alors la fête de la pleine lune de mai commencera et deux grands chefs déguisés, représentant l'un le soleil, l'autre les étoiles, viendront danser en annonçant le retour du beau temps et des grandes chasses.

VILLAGE DE PEAUX-ROUGES.

DANSE DU SOLEIL ET DES ÉTOILES.

CHASSE AUX BISONS.

AMÉRIQUE NORD : MEXIQUE

LA PATRIE DU CHOCOLAT.

L'air sent la vanille, et Iago, le beau perroquet bleu, jase sur un grand cacaoyer dont il croque les fèves, comme des pastilles de chocolat.

IAGO.

Il raconte aux petits colibris qu'il a mal dormi, parce que les vers luisants et les mouches à feu brillaient trop en volant comme des étoiles. Il éternue parce que le duvet des cotonniers lui chatouille le nez. Il appelle les ânes des petits porteurs d'eau qui galopent avec leur tonnelet plein d'eau fraîche. Il se moque du jeune Indien qui vend des paniers et de sa sœur,

EAU FRAICHE !

PANIERS ET CORBEILLES.

Juana, qui déjeune avec des figues de cactus, en coupant des joncs pour les sacs à café de la prochaine récolte.

Hélas ! Iago fait tant de bruit qu'il attire un chasseur.... Pan ! Un coup de fusil et Iago a la patte cassée. Il lâche sa branche, il dégringole et il est pris. Le chasseur revient tout fier et il enchaîne Iago sur un perchoir.

Pauvre Iago bavard ! Comme il est puni !

L'HEUREUX CHASSEUR.

DANS LES CACTUS.

AMÉRIQUE SUD : ÉTATS DES ANDES
COLOMBIE, PÉROU, CHILI, ETC.

MORT DU JAGUAR.

CONDUCTEUR DE LAMAS.

Don Miguel chasse vers les montagnes avec Lopez, son domestique. Ils rencontrent d'abord un lama et son maître qui vont chercher des sacs de coton et de café dans les plantations d'en bas.

Bon ! voilà le rugissement d'un jaguar derrière un arbre. Don Miguel tire : Pan ! le jaguar est tué ! Lopez enlève la peau, tandis que don Miguel va en avant. Mais un énorme condor fond sur le jaguar mort pour le dévorer, et malgré son couteau, Lopez est obligé de fuir. Il rejoint piteusement son maître. « Il fait chaud, dit don Miguel, faisons la sieste ! »

Tout à coup un tremblement de terre ébranle la forêt et réveille les

COMBAT CONTRE UN CONDOR.

dormeurs. Quelle peur pour Lopez ! En face de lui un jeune Indien coiffé d'une fleur le regarde en souriant.

HORRIBLE REVEIL.

CHAPEAU DE FLEURS.

AMÉRIQUE SUD : RÉP. ARGENTINE
BERGERS ET PLANTEURS.

Pedro, le berger argentin, fait sa ronde du soir; il galope au milieu des moutons et des bœufs, il y en a des milliers, les uns dorment, les autres broutent. Tout à coup un taureau furieux se précipite sur le cavalier, il faut le tuer.... C'est dommage, c'est une belle bête !... Le coup de fusil fait peur à une

LE TAUREAU FURIEUX.

mignonne sarigue qui se sauve, ses petits dans sa poche.

Pedro galope toujours en regardant au loin si les autres bergers reviennent déjà au campement. En voilà un qui rentre sur un bœuf. Personne

A CHEVAL SUR UN BŒUF.

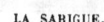
LA SARIGUE.

ne sera en retard; c'est grande fête et festin, avec un mouton entier qui est en train de rôtir sous la garde de José; chaque berger va s'y tailler une grosse tranche fumante; au dessert on mangera des ananas frais; on boira aussi du café excellent, récolté par le frère de Pedro qui est planteur.

UN BEAU ROTI.

AMÉRIQUE SUD : BRÉSIL

DÉLUGES ET SOLEIL DE FEU.

VILLAGE INDIEN AU BRÉSIL.

Toujours l'été ! le plus grand fleuve du monde ! des arbres géants ! voilà le Brésil. Ses Indiens sont habiles à la chasse et à la pêche, tels ceux-ci dont les flèches à chaque coup percent un poisson. — Pendant ce temps, les femmes attisent les feux pour apprêter le repas. Celles qui, dans la nuit, ont laissé éteindre leur braise vont en chercher chez leurs voisi-

PÊCHE A COUP DE FLÈCHE.

nes. Mais voilà la pluie... quel déluge ! Il y a heureusement dans la forêt des feuilles assez grandes pour servir de parapluies....

L'averse est finie, et don Luis, le naturaliste, de Rio-Janeiro, vient d'arriver, cherchant toujours des bêtes et des plantes pour ses collections ; il dit : « Qui veut m'aider à attraper vos colibris et vos papillons, les plus beaux du monde ? — Moi, moi », répondent tous les enfants, et les voilà en chasse.

FEUILLES-PARAPLUIES.

CHASSE AUX PAPILLONS.

AMÉRIQUE SUD : BRÉSIL (Suite)

D<small>ON</small> LUIS REMONTE L'AMAZONE, LE PLUS GRAND FLEUVE DU MONDE, A TRAVERS LA FORÊT VIERGE.
COMME IL FAIT SOMBRE ! OUI ! LE TOIT DES ARBRES ET DES LIANES EST SI TOUFFU QUE LE SOLEIL N'ENTRE JAMAIS DESSOUS.
OH ! LES IMPRUDENTS SINGES QUI AGACENT LE CROCODILE ET SEMBLENT LUI DIRE : « ALLONS, VIENS DONC, UNE POIGNÉE DE MAIN, CAMARADE ». C'EST PLUTOT UN COUP DE DENT QU'ILS RECEVRONT, ET QUELLES DENTS !... MAIS LES SINGES SONT LESTES.

OCÉANIE : AUSTRALIE
CANNIBALES ET GIGOTS DE MOUTONS.

Pst! pst! Savez-vous la nouvelle? — Eh bien? — Nos jeunes gens ont rencontré un homme blanc? — L'ont-ils mangé? — Pas encore.

Voilà ce que disaient les cannibales d'Australie quand les pre-

HUTTES DE BRANCHAGES.

CHASSE AUX KANGOUROUS.

miers blancs y débarquèrent. Ces peuples habitaient des huttes de branchages, et lorsque pour la première fois ils virent un journal, ils crurent que c'était une espèce de manteau.

Ils passaient leur temps à la guerre ou à la chasse, avec leurs lances pointues. Quelle joie, quand on rencontrait un troupeau de kangourous; on faisait alors de grands festins où l'on mangeait tant qu'on pouvait, pour compenser les jours sans gibier où l'on avait faim.

UN JOURNAL PRIS POUR MANTEAU.

OCÉANIE : AUSTRALIE (Suite)

Maintenant l'Australie a de grandes villes pleines d'Anglais. On s'y promène sans crainte et même on dort dans les bois. Pourtant voilà un voyageur qui aimerait mieux être dans une hôtellerie. Quelle pluie! C'est le signe de l'hiver

LA SAISON DES PLUIES.

pour les pays où il ne fait jamais froid. Il pleut ainsi quelques semaines et sans cela tout sécherait; puis le soleil brille plusieurs mois sans une goutte d'eau. La pluie a cessé, le voyageur s'est remis en route : Aïe! voilà un serpent, la seule bête dangereuse d'Australie. Un coup de bâton

LUTTE AVEC UN SERPENT.

lui casse la tête et le voyageur prend la peau pour sa collection. Plus loin il rencontre des prairies immenses où des bergers tondent leurs moutons, car l'Australie nourrit de grands troupeaux dont on nous envoie la laine et même les gigots, par des navires qui les conservent dans la glace.

MOUTONS D'AUSTRALIE.

OCÉANIE : ILES ET ILOTS

SUMATRA, JAVA, BORNÉO, NOUVELLE-GUINÉE, ETC.

LA MORT DU SERPENT. — FEUILLE BAIGNOIRE.

Quelles grandes feuilles il y a dans les pays chauds : on peut en faire une baignoire ! « Maman, dit l'enfant, j'aimerais mieux nager dans la rivière. — Tais-toi, imprudent ! La rivière est pleine de bêtes méchantes, des alligators, des serpents : Pense à la peur de notre bon chien l'autre jour. — Papa a tué le serpent. — Oui, mais il y en a d'autres.... »

Le bain fini, la mère dit : « Maintenant, prenons nos éventails en plumes de paon ; nous irons en ville porter nos sacs de poivre et de clous de girofle. — Qui les achètera ? — Les capitaines qui vont de l'autre côté de la mer sur les grands bateaux. — Qu'est-ce qu'ils emportent encore ? — Du riz, du café, du camphre, des cigares. — Ah ! c'est pour cela que mon oncle, qui met en paquet tantôt les feuilles de tabac, tantôt les écorces de cannelle, disait une fois : Nos îles sont la boutique d'épicerie du monde entier. »

PAON SAUVAGE.

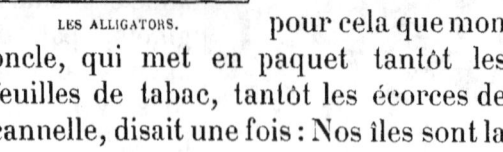

LES ALLIGATORS. — LE PAQUETEUR D'ÉPICES.

OCÉANIE : ILES ET ILOTS (Suite)

Maître Kaspard, le planteur hollandais, réfléchit.... Pourquoi est-il ce matin dans la forêt avec son orang apprivoisé? Il est sûr de s'être endormi hier soir dans sa véranda en lisant son journal. Qu'est-il donc arrivé?

Peu à peu il se souvient :

Il faisait très chaud; Kaspard s'était fait servir du vin de palmier bien frais.

Bientôt son singe est venu sans bruit achever la bouteille, ce qui l'a un peu grisé. Alors il a pris délicatement entre ses bras son maître endormi, et il est retourné dans sa forêt d'autrefois. Là, il s'est arrêté au pied d'un cocotier, où ils viennent de se réveiller, bien étonnés. Heureusement, le déjeuner est tout près : des noix de coco et des bananes....

LE RÉVEIL DANS LA FORÊT.

Maintenant, ils vont rentrer à la ville, mais à l'avenir, Kaspard se défiera du vin de palmier, et les cacatoès babillards lui semblent crier du fond des bois : « Oui! oui! tu feras bien! »

62 PETITS BICYCLISTES A TRAVERS LA FRANCE (Jeu).

Plus de gravures des pays étrangers ! L'oncle Malo est sur le bateau qui le ramène en France, et pendant qu'il finit ainsi le tour du monde, il invente pour Ninette et Jean deux jeux et une chanson. Les voilà :

Premier Jeu. *Les Petits Bicyclistes.*

Faire 12 jetons au nom des villes qui ont plus de 100 mille habitants d'après la liste ci-après; et 17 jetons de couleur différente pour les autres villes inscrites sur la carte. Chaque joueur a comme marque un petit objet (bouton, caillou, etc.) qu'il pose sur les villes dont il tire le jeton. Quand on arrive dans une des 12 grandes villes on y séjourne, c'est-à-dire qu'on passe un tour sans jouer.

Arriver à Paris, c'est gagner la partie.

VILLES
AU-DESSUS
de 100 000 Habitants

1° Paris (2 millions et demi).
2° Lyon (1/2 million).
3° Marseille.
4° Bordeaux.
5° Lille.
6° Toulouse.
7° Saint-Etienne.
8° Nantes.
9° Le Havre.
10° Roubaix.
11° Rouen.
12° Reims.

COURSE AUX CAPITALES (Jeu).

FRANCE PARIS	HOLLANDE AMSTERDAM
	AUTRICHE VIENNE
SERBIE BELGRADE	ALGÉRIE ALGER

SUISSE BERNE	TURQUIE Constantinople
	ANGLETERRE LONDRES
NORVÈGE CHRISTIANIA	BULGARIE SOFIA

PORTUGAL LISBONNE	RUSSIE St-Pétersbourg
	ITALIE ROME
ESPAGNE MADRID	GRÈCE ATHÈNES

JEU. — Mettre en sac des jetons aux surnoms des 4 joueurs. Ceux-ci, ayant choisi leur surnom et carton, posent dans les cases écrites de petits objets, perle, bouton, etc., différents d'un carton à l'autre. A chaque appel de leur surnom, les enfants, avec un bâtonnet poussent une des marques de leurs cases au point indiquant la même capitale sur la carte.
Le premier carton vide gagne.

BELGIQUE BRUXELLES	SUÈDE STOCKHOLM
	ALLEMAGNE BERLIN
ROUMANIE BUCAREST	DANEMARK COPENHAGUE

GAI! GAI! FAUT PASSER L'EAU
RONDE : AIR PROVENÇAL.

La ronde représente un bateau. — Au refrain elle s'arrête de tourner et les enfants, se tenant toujours par la main, balancent les bras pour figurer les vagues de la mer.

REFRAIN

Gai! gai! faut passer l'eau,
Lorsque l'on veut faire le tour
 du monde !
Gai! gai! faut passer l'eau,
Lorsque l'on veut visiter du
 nouveau !

1er COUPLET

Le monde est fort beau :
Il porte coteau,
Rivière et ruisseau,
Terre et mer profonde !
 (*Refrain.*)

2e COUPLET

Le monde est fort beau :
Il porte château
Et ville et hameau,
Qu'en tous lieux on fonde.
 (*Refrain.*)

3e COUPLET

Le monde est fort beau :
Il porte l'oiseau
Et le grand troupeau,
A la toison blonde. (*Refrain.*)

4e COUPLET

Le monde est fort beau :
Il porte arbrisseau,
Et fleur et rameau,
Et moisson féconde.
 (*Refrain.*)

5e COUPLET

Le monde est fort beau :
Mais à son berceau
L'on revient bientôt,
Car la terre est ronde.
 (*Refrain.*)

Mlle LAURE COLLIN.
66 Chants pour les Enfants.

FIN DE « MON PREMIER TOUR DU MONDE »

Corbeil. — Imp. CRÉTÉ.

4 G
941

www.ingramcontent.com/pod-product-compliance
Lightning Source LLC
LaVergne TN
LVHW021000090426
835512LV00009B/1985